AF310270

DROIT POPULAIRE

ET

DROIT DIVIN

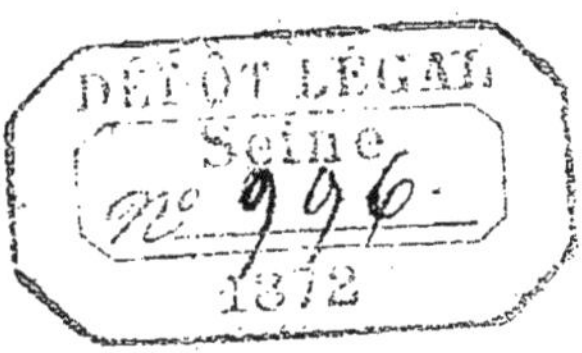

PARIS

ARMAND LE CHEVALIER, ÉDITEUR

61, RUE DE RICHELIEU, 61

—

1872

Paris.—Imp. Emile Voitelain et Cᵉ, rue J.-J.-Rousseau, 61

DROIT POPULAIRE

ET

DROIT DIVIN

PREMIÈRE PARTIE

I

Paris venait de succomber. Chanzy, battu au Mans, fuyait en pleine déroute devant les armées réunies du prince Frédéric-Charles et de Meklembourg. L'armée de l'Est, poursuivie et traquée, n'échappait à la capitulation qu'en franchissant la frontière suisse, après avoir déposé les armes. Le général Faidherbe, vaincu à Saint-Quentin, se voyait obligé de chercher un refuge jusque sous les murs de Lille. La France, la France de Valmy, d'Iéna, d'Awerstaed, d'Eylau, de Friedland, de Lutzen, de Bautzen, vaincue, accablée, implora la paix !

Un armistice fut signé, et huit jours après, la nation était appelée à élire ses représentants.

L'invasion étendait sa lèpre hideuse sur le tiers du pays ; les ponts détruits, les routes interceptées, les lignes télégraphiques brisées, et aussi le mauvais vouloir des autorités allemandes, rendaient toute communication, sinon impossible, du moins d'une difficulté extrême. Quinze cent mille électeurs, les plus jeunes et les plus vigoureux, ceux qui avaient donné le plus à la patrie, les uns prisonniers de guerre en Allemagne, internés en Suisse où en Belgique, les autres bloqués dans Paris ou dispersés sur tous les points du territoire, et ignorant jusqu'au nom des candidats, se trouvaient ainsi exclus du scrutin.

Une préoccupation unique pesait sur les esprits et enlevait, du reste, à l'élection, tout caractère politique. Les uns voyaient dans la lutte désespérée, la lutte à outrance, le seul refuge du vieil honneur français ; les autres, en immense majorité, regardaient la prolongation de la résistance comme une folie sans excuse, qui compromettrait sans utilité et sans honneur les dernières ressources de la France, et rendrait à jamais impossible tout espoir de revanche.

A tort ou à raison, les républicains représentaient aux yeux des populations rurales, le parti de la guerre ; l'échec était certain : on ne remonte pas les grands courants populaires. Après les ruines, les désastres sans nom éprouvés depuis six mois, le pays avait un besoin irrésistible de repos et de paix.

Le parti de la paix l'emporta.

C'est ainsi que la chambre se trouva en grande partie composée de représentants monarchistes. Mais l'heure n'était pas aux discussions de politique intérieure. Il fallait avant tout sortir le pays de la situation horriblement critique où il se trouvait, et M. de Bismarck n'était pas homme à permettre qu'on l'oubliât.

II

A peine réunie, l'Assemblée nationale appela au pouvoir l'homme illustre qui, en ces temps néfastes, avait donné, malgré son grand âge, les preuves éclatantes de son dévouement patriotique.

M. Thiers, élu par vingt-six départements, fut nommé chef du pouvoir exécutif de la République française.

Quelques jours après, l'Assemblée obtenait la paix au prix de cinq milliards et de l'abandon de nos deux plus belles, de nos deux plus magnifiques provinces !

III

En prenant possession du pouvoir, M. Thiers, dans un magnifique discours, avait tracé à l'Assemblée son programme : maintien du *statu quo;* — ajournement de la question constituante ou de toute autre discussion de nature à provoquer le trouble et la division; — conciliation des partis; — réorganisation de l'armée qui n'existait plus, des finances en désarroi, etc., etc.

L'Assemblée avait applaudi, et le républicain Grévy, porté à l'unanimité au fauteuil de la présidence, semblait un gage du désintéressement des partis.

Malheureusement, si la majorité de l'Assemblée se montrait sage et réservée, il n'en était pas ainsi des partis extrêmes.

En l'absence de toute préoccupation politique, les légitimistes, recommandés par leur grande fortune et par leur situation personnelle, considérable dans le pays, avaient obtenu un succès, auquel depuis longtemps ils n'étaient plus habitués. Leur nombre dans la chambre ne s'élevait pas à moins de deux cents, et les bruits de fusion entre les deux branches de Bourbon, en ralliant à eux la plus grande partie des orléanistes, devait leur assurer la majorité.

Ce fut dans tout le parti une explosion de cris d'allégresse. Le triomphe ne semblait plus douteux; il n'était question que du Roi; le Roi venait à Chambord; les moindres paroles du Roi étaient recueillies, colportées avec vénération; sur les vitrines des éditeurs royalistes, les brochures pullulaient où le nom du Roi s'étalait en gigantesques caractères; le Roi seul pouvait sauver la France.

D'autre part, les attaques les plus violentes étaient sans cesse dirigées contre le gouvernement du 4 septembre et contre la République. Naturellement les bonapartistes, désireux de décharger sur autrui la responsabilité des désastres qu'ils avaient provoqués, faisaient chorus. A les entendre, les républicains seuls avaient fait la guerre, vidé les arsenaux, perdu les batailles, capitulé à Sedan, livré Metz et Strasbourg.

IV

Loin de lui nuire, ces exagérations profitaient à la République. Elles ne lui enlevaient pas un seul de ses partisans, et les hommes impartiaux et modérés se disaient qu'après tout, ceux qui, au milieu du naufrage de toutes nos institutions et de toutes nos ressources, n'avaient pas craint d'entreprendre la rude tâche de sauver le pays, ceux-là avaient bien quelque mérite.

Il est notoire que l'Empire, après Sedan, n'était plus possible, et que, devant le mouvement irrésistible de l'opinion publique indignée, du moins à Paris, tout ce qui tenait de près ou de loin à ce régime néfaste devait disparaître. Il est notoire aussi que dans la journée du 4 septembre, les plus grands efforts ont été tentés par la gauche pour contenir la population et faire respecter le Corps législatif, et que l'insuccès de ces efforts décida la députation de Paris, pour prévenir les plus grands malheurs, à prendre le pouvoir.

Si, à cette époque, tous les partis hostiles à la République acceptèrent provisoirement le Gouvernement de la défense nationale et lui offrirent même leur concours, des esprits aussi malveillants que ces partis le sont eux-mêmes aujourd'hui pourraient bien y voir, à côté des sentiments de patriotisme et de désintéressement dont ils se parent avec orgueil, des motifs moins louables et moins avouables. Indépendamment de la difficulté, pour chacun d'eux, de se faire accepter par la population, il serait permis de penser que, plus habiles que les hommes du 4 septembre, ils n'étaient pas fâchés de laisser ceux-ci ruiner leur popularité et compromettre, dans une entreprise impossible, la République, dont ils étaient les principaux représentants.

Se charger de la défense du pays devant la plus formidable invasion dont l'histoire fasse mention, quand les armées étaient détruites, les arsenaux vides, l'administration militaire nulle, l'administration civile en désarroi, était cependant une tâche assez difficile et assez ingrate pour qu'il fût permis de supposer, chez ceux qui osaient l'entreprendre, un sentiment plus noble et plus élevé que la vulgaire ambition du pouvoir. Les hommes du 4 septembre eurent le tort de supposer chez les Français une ardeur patriotique et une volonté de sacrifices à la hauteur des malheurs qui les accablaient. Mais si cette erreur, qui prenait sa source dans les glorieux souvenirs d'une autre époque, accuse la rectitude de leur jugement politique, elle fait honneur à leur cœur et à leur civisme, et il y a une profonde injustice à la leur reprocher.

Le Gouvernement de la défense nationale acceptant après Sedan, comme on l'accuse aujourd'hui de ne l'avoir point fait, une paix basée sur le démembrement de la France, eût soulevé contre lui un *tolle* général. On n'eût point manqué de lui faire un crime de lèse-nation d'avoir douté alors de la vitalité et des ressources qui restaient au pays. Or, tous les hommes de bonne foi savent de façon certaine que la cession de l'Alsace et d'une partie de la Lorraine était après les succès inouïs de l'Allemagne, la condition, *sine quâ non*, de toute négociation.

Peut-être eût-on pu alors obtenir des conditions moins onéreuses, quant à l'indemnité pécuniaire, et cela n'est point prouvé; le pays eût évité sans doute les suites sanglantes d'une guerre désastreuse plus longtemps prolongée. Mais, en vérité, est-il un homme de bonne foi qui pense que la France pût et voulût alors accepter son démembrement? Il faudrait donc oublier l'unanime approbation qui accueillit la circulaire par laquelle M. Jules Favre faisait connaître les conditions de M. de Bismarck et sa propre réponse. Non, la paix n'était pas possible, et personne ne la demandait avant la chute de Metz et l'anéantissement de l'héroïque armée du Rhin, que nul ne pouvait prévoir si prochain. Le mouvement d'enthousiasme et d'espérance qui s'empara de la France à la nouvelle du succès de Coulmiers, témoigne assez des dispositions de l'opinion publique à cette époque.

Quant à la persistance des députés de Paris à garder le pouvoir, il faut se rappeler que, quelques jours avant la chute de Metz, M. Thiers négociait au nom du gouvernement afin d'obtenir un armistice qui permettrait à la nation de nommer ses représentants, et que le nouveau malheur qui nous accablait et l'échauffourée du 31 octobre qui en fut la conséquence, inspirèrent à nos ennemis des prétentions tellement exorbitantes que les négociations durent être abandonnées (1).

---

(1) Dès les premiers jours de septembre, M. Jules Favre lui-même avait tenté à Ferrières les efforts les plus énergiques auprès de M. de Bismarck afin d'obtenir un armistice qui rendît possible la convocation d'une Assemblée nationale. M. de Bismarck s'y était refusé. (Voir le nouvel ouvrage de M. Jules Favre : *Gouvernement de la défense nationale, du 30 juin au 31 octobre.*

Mais s'il était impossible, en de telles conditions, d'en appeler au pays tout entier, Paris fut consulté, et jamais gouvernement ne rencontra une adhésion aussi éclatante. Il est même digne de remarque que l'élément de la province, représenté à Paris par la garde mobile et par l'armée, se distingua surtout par son unanimité.

Sans doute, sous le gouvernement du 4 septembre, il s'est commis de lourdes fautes et de graves abus ; mais était-il possible qu'il ne s'en commît point, et s'il eût réussi dans sa tâche patriotique, qui songerait aujourd'hui à lui reprocher ces fautes et ces abus ? Oui, il y a eu gaspillage de fonds, malversations, marchés scandaleux, et il ne pouvait en être autrement quand on n'avait ni les moyens, ni le temps nécessaires au contrôle et à la surveillance. La probité personnelle des chefs est du moins restée intacte. Après les insinuations calomnieuses de toute la presse réactionnaire, le silence de l'Assemblée nationale, peu suspecte de partialité et de complaisance envers le Gouvernement de la défense nationale, ne permet plus le moindre doute à cet égard.

En présence des malheurs de la patrie, alors que l'union et l'accord de tous les citoyens suffiraient à peine à notre salut, il est profondément douloureux pour tous les vrais patriotes d'assister au spectacle de tant de passion et de tant de haine. Lorsqu'on voit les hommes et la presse du plébiscite, les journaux stipendiés par l'Empire et les hommes de la candidature officielle, dont la seule préoccupation devrait être de faire oublier tous les maux qu'ils nous ont attirés, changer aussi impudemment les rôles, et transformer leur sellette d'accusé en siége de juge et d'accusateur, on est tenté de se demander avec stupeur si un pays, où tant de cynisme peut s'étaler avec impunité, a bien gardé le sens moral, et si nous n'avons pas perdu toute notion du bien et du mal, de ce qui est juste et de ce qui ne l'est pas.

Cependant l'époque de nos désastres était encore trop rapprochée et les véritables fauteurs de ces désastres étaient trop connus pour que l'opinion publique pût s'y méprendre. D'un autre côté, le nom de Bourbon, malgré la noble conduite de ses partisans pendant la guerre, était toujours profondément antipathique dans les campagnes auxquelles il rappelait encore les priviléges de la noblesse et les souvenirs de la première invasion.

Ce n'est pas tout. La République, en minorité dans l'Assemblée, était toute-puissante dans les villes. Ses partisans, recrutés parmi les classes les plus remuantes et les plus énergiques de la population, avaient encore cet avantage immense de se trouver réunis sur les mêmes points, en groupes nombreux, organisés et armés. Il était difficile dans ces conditions de leur imposer, en l'absence de toute puissance militaire sur laquelle on pût compter, une restauration monarchique.

V

Bientôt éclata le mouvement révolutionnaire du 18 mars qui obligea le gouvernement et les troupes restées fidèles à se réfugier à Versailles auprès de l'Assemblée. Les chefs de l'insurrection victorieuse, comprenant bien qu'ils ne pouvaient rien tenter de sérieux sans s'assurer le concours et l'appui des artisans et du petit commerce, qui composent la plus grande partie de la population parisienne, s'adressèrent à leurs sentiments républicains bien connus.

On leur montra la République en danger et prête à succomber sous les intrigues des royalistes coalisés. L'attitude de la presse monarchique et les déclamations de l'extrême droite de l'Assemblée, il faut bien le dire, servaient admirablement de tels projets. La manœuvre eut plein succès, et bientôt Paris, presque tout entier, se rangeait autour de la Commune contre les *royalistes* de Versailles.

De leur côté, les grandes villes de province, inquiètes et frémissantes, travaillées dans le même sens par les émissaires de la Commune, envoyaient de toutes parts leurs députations auprès de M. Thiers pour l'assurer de leur dévouement, mais aussi pour lui demander des garanties en faveur de la République. M. Thiers n'hésita pas. Tandis qu'il prenait les mesures énergiques qui devaient triompher de l'insurrection parisienne, il donnait aux députations, « sa parole d'hon« nête homme, à laquelle il n'avait jamais manqué, qu'il « remplirait fidèlement les conditions du pacte de Bordeaux;

« il avait reçu en dépôt la République, lui au pouvoir, la
« République ne périrait pas. »

Grâce à cette sage politique, les villes se tinrent tranquilles,
et M. Thiers put disposer contre la Commune de Paris, de
toutes les forces militaires qui restaient à la France.

L'insurrection vaincue, le chef du pouvoir exécutif, provoqué
par les ardents de l'extrême droite qui lui reprochaient ses
déclarations républicaines, pouvait avec raison répondre du
haut de la tribune, « que ces déclarations avaient sauvé le
« pays, en lui permettant de dompter une insurrection qui
« eût suffi à renverser dix monarchies. »

VI

Cependant la scission entre M. Thiers et les membres de la
droite devenait de jour en jour plus manifeste. M. Thiers
s'appuyait ouvertement sur la gauche qui le secondait de tout
son pouvoir. La plupart des ministres étaient d'anciens républicains ou s'étaient franchement ralliés à la République.
M. Thiers et M. Dufaure maintenaient imperturbablement tous
les fonctionnaires ou les magistrats du 4 septembre qui s'é-
taient montrés capables et honnêtes, malgré la vigoureuse
campagne entreprise contre ces fonctionnaires par les députés
de la majorité et toute la presse réactionnaire.

Les murmures devenaient de plus en plus violents. Sur
ces entrefaites eurent lieu les élections complémentaires du
2 juillet. Ces élections avaient une importance extrême. Dé-
gagées de toute préoccupation dominante de nature à en
fausser l'expression, elles promettaient d'être exclusivement
politiques. Les deux tiers de la France, en pleine possession
d'elle-même, allaient s'expliquer sur le vote du 8 février.

Cent dix-neuf députés restaient à élire. Le scrutin donna
les résultats suivants : *un* député légitimiste, M. de Gouvello,
dans le Morbihan ; *un* bonapartiste, M. Magne, dans la Dor-
dogne ; quinze conservateurs libéraux environ, et plus de
cent républicains, élus en général à des majorités écrasantes.

L'émotion fut immense. Cette élection, il est vrai, ne donnait pas aux républicains la majorité effective dans l'Assemblée, mais ils en tiraient une force morale très-grande. Le
pays était avec eux : ils résolurent d'en profiter.

VII

L'omnipotence de l'Assemblée nationale présentait un danger sérieux. Dans les pays les plus libres, l'autorité des représentants de la nation a toujours un contre-poids, et leurs décisions sont soumises au contrôle, à la sanction d'une autre assemblée. Le pouvoir exécutif lui-même y jouit, dans une certaine mesure, de son indépendance et de sa liberté d'action.

L'opinion publique réclamait pour M. Thiers ces prérogatives. A différentes reprises déjà, M. Thiers s'était vu obligé, pour vaincre la sourde opposition de la majorité, d'en appeler à sa confiance ou de résigner ses pouvoirs.

Or, la présence de M. Thiers était indispensable. C'était le seul homme qui, par sa grande autorité et son habileté profonde, rendît la conciliation possible et empêchât les partis d'en venir aux mains. L'Assemblée le comprenait, et jusque-là son patriotisme l'emportant sur ses passions politiques, elle avait cédé. Mais cette situation incertaine n'en jetait pas moins le trouble et l'inquiétude dans le pays. Chacun sentait qu'il suffisait d'un accès de mauvaise humeur de l'Assemblée pour nous replonger dans le chaos et la guerre civile.

Il fallait donc, pour ramener la sécurité indispensable à la reprise des affaires, du travail et de l'industrie, donner plus de stabilité et d'indépendance au gouvernement, en lui accordant une durée fixe, déterminée, qui le mettrait à l'abri d'un coup de majorité.

La gauche se fit l'écho de l'opinion, et M. Rivet déposa, au nom d'un grand nombre de ses collègues, la fameuse motion qui confirmait à M. Thiers ses pouvoirs et lui conférait pour deux ans le titre de président de la République. On sait quel accueil la majorité fit à cette *malencontreuse* proposition, comme se plaisaient à la qualifier ses organes. Mais la question était posée, il fallait la résoudre. Le pays lui était favorable, et la rejeter, c'était amener la retraite de M. Thiers, qu'il fallait éviter à tout prix. Aussi, après bien des hésitations, la motion Rivet, amendée dans la forme, sans que le fonds subît de modifications importantes, fut-elle votée à une énorme majorité. Seulement, les pouvoirs de M. Thiers, au lieu d'une durée fixe de deux ans, étaient limités à la durée de l'Assemblée elle-même.

C'est ainsi qu'au rebours de Châteaubriant, l'Assemblée monarchiste par goût et par caractère, se faisait républicaine par raison, ou du moins se condamnait à vivre en république. Profondément irritée d'un vote que lui avaient imposé les circonstances et la tactique de la gauche, elle s'était vengée, il est vrai, en se déclarant constituante, comme si elle eût voulu suspendre sur la tête des républicains triomphants une menace toujours prête.

VIII

Quelques jours après, l'Assemblée prenait ses vacances, et la France, par son vote du 8 octobre sur les conseils généraux, ratifiait l'élection républicaine du 2 juillet. La droite était fort éprouvée, et la moitié de ses membres se voyait refuser l'accès des assemblées départementales. Le verdict à peu près unanime des électeurs prenait surtout une signification toute particulière à l'égard des membres de l'Assemblée qui s'étaient montrés hostiles à la prorogation des pouvoirs de M. Thiers.

Cependant celui-ci a mis à profit les loisirs que lui laissaient les vacances parlementaires. L'évacuation du territoire par les troupes allemandes marche à grands pas, et s'il faut en croire certaines espérances, elle sera bientôt complète. L'armée, objet incessant de l'attention du chef de l'État, se réorganise ; le pays renaît à l'espérance, et de toutes parts se remet au travail ; la situation commerciale, sur tout ce qui touche aux intérêts agricoles, est excellente, et les hauts cours des objets de consommation dépassent tout ce qui s'était vu aux époques les plus prospères de l'Empire ; les paysans étonnés, dont l'hostilité à la République avait pour toute raison les craintes que cette forme de gouvernement inspirait à leurs intérêts, voient tomber leurs préventions et demandent à continuer l'épreuve ; les travaux de la première session des conseils généraux se sont partout effectués dans le plus grand calme, et, à peu d'exceptions près, ont été exclusivement consacrés à l'étude et à l'organisation des affaires du département.

Telle est la situation dans laquelle les députés ont trouvé la France à la reprise de leurs travaux.

L'Assemblée usera-t-elle des pouvoirs nouveaux qu'elle s'est arrogée? Il est permis d'en douter. Il est permis de croire que, mieux éclairés par un séjour de deux mois au milieu de leurs électeurs sur leurs véritables intentions, les représentants ajourneront toutes les questions de nature à provoquer le trouble et la division, pour se consacrer exclusivement à la solution de problèmes moins irritants, mais non moins utiles. La loi électorale, la loi militaire et la loi sur l'instruction publique, sans préjudice de ses occupations ordinaires, assurent à la Chambre des travaux longs et importants. Mais quoi qu'il arrive, que la Chambre se décide à assumer la responsabilité des conséquences auxquelles peuvent entraîner les débats sur la constitution, ou qu'elle laisse ce soin grave et dangereux à celle qui doit lui succéder, nous n'en sommes pas moins dans cette situation étrange, que chacun peut aujourd'hui, sans sortir de la légalité et sans se mettre en hostilité avec les institutions établies, examiner les différentes formes de gouvernement, et défendre celle qui lui paraît le plus propre à assurer la grandeur et la sécurité du pays.

C'est ce que je vais essayer ; mais, pour ne plus avoir à y revenir, je tiens à répondre immédiatement à une prévention très-répandue, sans cesse reproduite, et qui me paraît des plus injustes.

IX

Quel que soit le parti auquel il appartienne, il n'est pas un homme qui, lorsqu'on expose devant lui les principes républicains, ne s'en déclare, en théorie, le partisan le plus enthousiaste. Mais aussitôt, il ne manque pas d'ajouter que malheureusement la malice et la perversité de la nation ne permettent pas l'application et la réalisation de ces principes généreux. Une triple et douloureuse expérience semblerait démontrer que sous la forme républicaine, le respect de la loi disparaît; que la *liberté* fait place à la *licence ;* que le principe de l'*égalité* n'excite que l'*envie* des classes inférieures, et que la *fraternité*, exigée pour soi, ne s'exerce jamais envers les autres. De plus, la République, en détruisant dans les masses le prestige et le respect de l'autorité, favoriserait singulièrement ces commotions terribles, sans but bien précis et bien arrêté, dont le seul résultat est de tout bouleverser, et qui, si elles réussissaient, renverseraient de fond en comble tout l'organisme social.

Je n'ai pas affaibli l'objection; examinons si cette objection est fondée, et si surtout elle est impartiale.

La forme républicaine a-t-elle, en effet, le triste privilége de provoquer ou tout au moins de favoriser l'explosion des mouvements populaires, et ne saurait-elle, au même degré que la monarchie, concilier l'ordre avec la liberté?

Il y a une sorte de naïveté (mais la violence et la persistance de la prévention ou de la mauvaise foi justifient cette naïveté) à faire observer que lorsqu'éclatèrent les mouvements révolutionnaires de 1791, de 1830, de 1848, nous étions sous la monarchie, sous la monarchie disposant de toutes ses forces, et que la seule différence à établir entre ces révolutions et les insurrections de 1848 et de 1871, c'est que les monarchies furent emportées par les premières, tandis que la République vainquit et réprima les secondes.

A ne considérer que la lutte de la République contre la Commune de Paris, lorsque nous voyons dans quelles conditions se trouvait la France : l'armée aux trois quarts détruite, désorganisée, démoralisée par une guerre désastreuse; la nation ahurie; les appétits les plus violents des classes ouvrières surexcités par dix mois de chômage, de misère, et l'apprentissage de l'état militaire, mais de l'état militaire sans discipline et sans le respect des chefs et de soi-même, ne sommes-nous pas logiquement amenés, par l'examen impartial des faits, à conclure que si, malgré ce déplorable état de choses, la République a pu dompter une insurrection capable, suivant une parole célèbre, de renverser dix monarchies, c'est que la République possède contre les soulèvements partis du peuple une force décuple de celle des monarchies.

La raison en est simple.

La République est un être impersonnel, représenté par la nation tout entière; toute lutte contre elle devient donc une lutte fratricide, qui aura toujours contre elle l'immense majorité des citoyens. Aussi l'expérience nous a-t-elle appris que le danger pour la République ne saurait venir des rangs du peuple. Cela est si vrai que les insurgés de 1848 et de 1871 prétendaient précisément défendre la forme républicaine, compromise à leurs yeux par les manœuvres des partis royalistes, que les meneurs et les chefs de l'insurrection, seuls vrais coupables, exagéraient à dessein.

Sous la monarchie, au contraire, grâce aux nombreuses usurpations acceptées et consacrées par la majorité du pays, et à la multiplicité des dynasties qui en est la conséquence, le principe héréditaire a reçu une profonde atteinte, et il n'est pas étonnant que, dans les moments de grande crise, la nation se désintéresse de la question dynastique, et ne voie plus, dans la ruine ou le salut du trône, que les intérêts personnels plus ou moins respectables de telle ou telle famille régnante, intérêts souvent contraires à sa prospérité et à ses propres désirs.

<h3 style="text-align:center">X</h3>

Quant aux fautes et aux crimes commis sous la République, et souvent en son nom, je ne veux ni les excuser ni les absoudre ; mais à ceux qui évoquent les massacres de septembre 92, et les proscriptions de notre première révolution, je me permettrai de rappeler les crimes non moins odieux commis sous la monarchie et au nom de la religion : massacres de la Saint-Barthélemy ; dragonnades des Cévennes ; révocation de l'édit de Nantes qui, par une fatalité étrange et qu'on pourrait appeler providentielle, obligeait une foule de familles protestantes à porter à Berlin leur fortune et leur industrie, et à contribuer ainsi à la grandeur et à l'élévation d'une puissance qui devait un jour nous accabler.

En regard de la République, recherchant et punissant les assassins des généraux Bréa, Lecomte et Clément Thomas, de l'archevêque de Paris, du président Bonjean, du républicain Chaudey, je rappellerai les meurtres impunis du maréchal Brune à Avignon, du général Ramel à Toulouse, du général Lagarde à Nîmes, meurtres commis sous la monarchie constitutionnelle des Bourbons, et dont les auteurs étaient connus. Tandis que la République poursuit et punit les assassins et les incendiaires de la Commune de Paris, je rappellerai les massacres du Midi, en 1815, commis au nom du roi, et dont les auteurs étaient non-seulement épargnés, mais loués, flattés, récompensés; je rappellerai l'égorgement de seize des principaux électeurs protestants du département du Gard, leurs propriétés violées et pillées, leurs femmes et leurs filles outragées, à la veille de l'élection, moyen d'intimidation électorale infaillible et qui assurait le succès de MM. de Calvières, René de Bernis et l'avocat Trinquelague, candidats royalistes; je rappellerai le scandale du procès de Jacques Dupont, dit Trestaillons, l'infâme Trestaillons, traduit devant la Cour de Riom et acquitté, aucun témoin n'ayant osé se présenter contre lui, quoique ses crimes fussent connus de la France entière (1). Je rappellerai l'assassinat juridique, suivant l'expression du général Excelmans, du maréchal Ney, et surtout des frères Faucher, de la Réole; je rappellerai enfin cet acte de sauvagerie incroyable, accompli de nos jours, qui dépasse en horreur tout ce qu'on a vu de plus horrible, le crime de Hautefaye, commis sous l'Empire, au nom de l'empereur : M. de Monéis, brûlé vif dans le pays qu'il habitait, où il était estimé; assassiné en plein jour, en pleine foire, au milieu d'une population nombreuse, sans qu'aucun des spectateurs, des magistrats du pays ou des gendarmes aient rien fait pour le soustraire à la fureur de ces cannibales.

J'en passe, et des meilleurs.

Je ne prétends pas, en évoquant les forfaits commis sous les différentes monarchies, excuser et justifier ce qui s'est fait sous la République. Je réprouve tous les excès, d'où qu'ils viennent, avec une égale énergie; mais je dis que si l'argument est bon à employer contre une forme de gouvernement, il est également bon contre l'autre, et j'en retiens cet enseignement, que les foules ignorantes et passionnées, et trop souvent ceux qui les dirigent, sont capables des plus effroyables excès, quels que soient les régimes sous lesquels ils exercent leurs fureurs et au nom desquels ils prétendent agir.

(1) Tous ces faits sont tellement indéniables, tellement indiscutables, que le ministre de la justice du roi lui-même, sous lequel ils s'étaient accomplis, M. de Serre, indigné des fureurs et des extravagances des ultra-royalistes, qui compromettaient à la fois la sûreté du trône et celle du pays, les dénonçait, en 1817, du haut de la tribune, à la Chambre des députés.

DEUXIÈME PARTIE

I

Deux principes sont en présence :

Le droit divin, représenté par l'hérédité monarchique ;

Le droit du peuple, qui se manifeste par l'élection.

Est-il une forme de gouvernement qui puisse concilier ces deux principes, tout en donnant au pays les garanties d'ordre, de stabilité, de tranquillité qui lui sont indispensables ?

Et si cette combinaison n'est pas possible, lequel des deux doit l'emporter ?

Tel est le problème dont la solution peut seule assurer la grandeur et la paix du pays.

II

La monarchie s'est manifestée en France sous trois formes :

Monarchie absolue ;

Monarchie héréditaire et parlementaire ;

Césarisme plébiscitaire.

III

La monarchie absolue, type et seule expression vraie et logique du principe de droit divin, a dominé en France pendant une longue suite de siècles. Gouvernant sans contrôle, sans principe contraire à combattre, nos anciens rois ont donné au pays la stabilité gouvernementale, mais non pas toujours la paix et le bonheur.

2

Ne connaissant d'autre règle et d'autre loi que leur bon plaisir, les uns purent donner carrière aux passions les plus honteuses et les plus désordonnées, aux folies les plus criminelles, et livrer ainsi le pays dont ils étaient les souverains maîtres, à l'anarchie et aux déprédations des mercenaires étrangers.

Mais, en revanche, quelques souverains de génie employèrent un pouvoir sans limites à l'exécution de hautes et patriotiques pensées. L'unité française s'est faite sous la monarchie absolue, et sous la monarchie absolue aussi, la France a joué dans le monde un rôle et jeté un éclat qu'il serait injuste de méconnaître. Il est dans l'histoire des peuples, peu d'époques plus brillantes, plus glorieuses que le siècle de Louis XIV, c'est-à-dire du monarque qui personnifie le mieux l'absolutisme poussé à son extrême limite.

Cette époque appartient depuis longtemps à l'histoire, et il serait d'autant plus puéril de nier aujourd'hui la grandeur dont la France lui fut redevable, que le régime absolu a depuis longtemps abdiqué toute prétention, et que les partisans les plus décidés des héritiers légitimes de nos anciens rois, ne vont pas ou du moins n'osent pas avouer qu'ils vont jusque-là.

IV

Les formes de gouvernement varient suivant les pays, et dans les mêmes pays le temps en modifiant les mœurs, les appétits, les exigences des habitants, modifie également les institutions qui leur conviennent.

Lorsque les hommes commencèrent à former des associations, ces associations eurent pour point de départ la famille dont le père était le chef naturel et tout puissant. Plusieurs familles se réunirent à leur tour pour former la tribu, et dès lors les droits de chaque famille étant égaux, le chef suprême fut nommé au choix, à l'élection. Plus tard, la tribu devenant plus nombreuse, la contrée qu'elle occupait, mal cultivée ou peu fertile, se trouva insuffisante.

A ces hommes primitifs, pasteurs et chasseurs, il fallait un vaste territoire, et quand les terres voisines se trouvaient occupées, on ne reculait ni devant la guerre, ni devant la conquête. Naturellement les vaincus, réduits à l'état de servage, et exclus de toute ingérence dans les affaires publiques, se voyaient obligés de cultiver les terres conquises pour leurs seigneurs et maîtres, qui se réservaient de plus nobles occupations. Mais le principe électif devait bientôt peser à des chefs habitués à ne reconnaître d'autre droit que celui de la force et de la violence, et dont l'ambition secrète était d'assurer à leurs descendants le pouvoir dont le choix de leurs pairs les avait investis.

Grâce à des priviléges habilement accordés aux serfs, on les vit s'en faire un puissant moyen de résistance contre les exigences de leurs anciens compagnons d'armes, devenus leurs vassaux, mais dont quelques-uns disposaient encore d'une puissance presque égale à celle du suzerain lui-même.

Les luttes intestines auxquelles ont donné lieu la fondation de la monarchie et de l'unité françaises, ne sont que la longue histoire de la résistance de l'aristocratie à la politique unitaire de nos rois, fidèlement secondés par le peuple.

Cependant le temps a marché et avec lui le progrès. La culture des sciences et des arts, une participation de plus en plus grande aux affaires publiques, ont bientôt émancipé les nations les plus asservies, et à peine la monarchie commençait-elle à jouir et à abuser de son pouvoir absolu, que son ancienne alliée, la nation, se dressait devant elle et réclamait à son tour les droits primordiaux et inaliénables, dont la force et la violence l'avaient dépouillée.

En vain, les castes privilégiées et la monarchie, rapprochées par le danger commun, se liguèrent-elles à leur tour pour conjurer la révolution qui les menaçait, le peuple l'emporta, et brisant dans sa colère tous les obstacles et tous les priviléges, revint, sous la forme républicaine, à l'égalité primitive.

La révolution de 1789 était faite, mais on ne détruit pas en quelques années les préjugés, les habitudes, les intérêts consacrés par une longue suite de siècles. Après vingt-cinq ans de discordes civiles et de luttes glorieuses contre l'étranger; après avoir fourni l'épopée militaire la plus extraordinaire dont jamais peuple ait donné l'exemple, la France, épuisée, vaincue, envahie par un million de soldats étrangers, dut reprendre ses anciens rois, mais elle se trouva encore assez redoutable pour maintenir les grands principes de la révolution.

Telle fut chez nous l'origine de la monarchie héréditaire et constitutionnelle.

V

La Charte de 1815 avait pour but la conciliation des deux principes dont la lutte avait provoqué sous la République et sous l'Empire les guerres de géants dont l'Europe avait été le théâtre. Par l'hérédité au trône, elle reconnaissait le principe de droit divin, et par le droit de contrôle et d'initiative parlementaire accordé à la Chambre des députés, elle admettait la participation aux affaires, non pas de toute la nation, car on avait le régime censitaire, mais celui de la classe moyenne, de la bourgeoisie.

L'avénement de tous les citoyens au droit de suffrage n'était plus désormais qu'une question de temps.

On peut même dire que la situation était ainsi plus favorable et qu'elle assurait mieux le succès de la combinaison nouvelle. Puisqu'on en était à rechercher l'équilibre, la pondération exacte du pouvoir issu du privilége et du pouvoir électif, cet équilibre se trouvait bien mieux assuré par le cens électoral qui, neutralisant la partie la plus nombreuse de la nation, celle qui détient en réalité la force effective, ne permettait pas à la Chambre élective de prendre une influence trop prépondérante.

On pouvait croire que les deux pouvoirs, également intéressés à ménager le peuple, se feraient de mutuelles concessions et rivaliseraient d'ardeur dans la recherche des lois et des mesures les plus propres à améliorer l'état des classes inférieures, tandis que d'un autre côté celles-ci, satisfaites

d'une situation relativement heureuse et prospère, atten-
draient patiemment qu'une instruction largement répandue
et une éducation politique plus avancée, leur permît de
jouir à leur tour de tous les droits du citoyen.

La monarchie parlementaire aurait alors la consécration du
temps et de l'expérience, et si cette expérience était favorable,
on pouvait espérer pour le pays une longue période de paix
et de prospérité.

VI

Mais il fallait pour cela compter sans les passions des
hommes, et ce sont précisément ces passions qui rendent la
solution du problème gouvernemental si difficile. Les débats
irritants des Chambres de la Restauration ne laissèrent bientôt
plus de doute sur l'avenir de la nouvelle monarchie. La combinaison qui devait donner aux deux principes contraires une
égale satisfaction, ne faisait qu'en démontrer l'incompatibilité. Des deux côtés chacun, suivant ses intérêts, ses préjugés
ou d'ardentes convictions, s'efforçait d'obtenir toutes les conséquences logiques du principe qu'il représentait ; et si le
pouvoir royal dissimulait mal ses aspirations vers l'absolutisme, l'opposition libérale ne se faisait pas faute de proclamer
le droit exclusif de la nation à diriger ses propres affaires.
Il ne fallait plus, dès lors, qu'une occasion pour faire éclater
le conflit, auquel doit nécessairement aboutir la coexistence
des deux principes antagoniques qui servent de base à la
monarchie héréditaire et parlementaire.

Comment, en effet, espérer l'exécution fidèle d'un contrat
basé sur deux principes dont le premier concède à l'une des
parties contractantes le droit de contrôle et dont le second
assure à la partie contrôlée l'impunité et l'inviolabilité?

A toute prérogative, à tout droit, il faut une garantie, et
une garantie réelle. Avec l'hérédité inaliénable, en peut-il être
ainsi? Devant la résistance opiniâtre, toujours possible, du
Roi aux décisions de la Chambre élective, il ne reste consti-
tutionnellement à celle-ci contre la volonté de la personne

royale, inviolable dans son privilége, aucun moyen d'action efficace. Dès lors, ses droits sont des droits illusoires, et pour les faire respecter, elle n'a pas d'autre recours qu'un appel à la force, c'est-à-dire à la révolution. Vaincue, ses droits méconnus, foulés aux pieds, auront cessé d'exister, et nous retournons à l'absolutisme ; victorieuse, c'en est fait du droit divin, et nous sommes à l'état révolutionnaire.

De quelque côté que l'on se tourne, quelle que soit l'issue du conflit, le dilemme est toujours là : *Absolutisme* ou *Révolution*. Il est vrai que chez les nations avancées, qui déjà ont été appelées à la vie publique, l'absolutisme ne saurait être de longue durée. On peut sans doute, en flattant les passions populaires, en surexcitant l'orgueil national, étouffer pendant quelque temps les tendances invincibles de l'homme vers la liberté et l'égalité, mais la fortune des armes est capricieuse et la gloire a ses revers : nous payons pour le savoir.

VII

Ah ! sans doute si le Roi régnait et ne gouvernait pas ! si le ministère était seul responsable !

Formules et vaines formules.

Il faudrait avant tout décréter que le Roi, en montant sur le trône, cessera d'être homme ; il faudrait qu'en concédant à une famille le privilége de l'héridité royale, on assurât également à tous les membres présents et à venir de cette famille les qualités négatives et effacées indispensables aux fonctions de *roi soliveau*.

Malheureusement, les rois sont des hommes et resteront tels ; ils ont et ils continueront à avoir comme tous les hommes, peut-être même un peu plus que les autres, leurs passions, leur orgueil et leurs préjugés, et le jour où ces hommes trouveront dans l'opposition des représentants du pays un obstacle à la satisfaction de leurs passions, de leur orgueil et de leurs préjugés ; ce jour-là le conflit éclatera.

VIII

Charles X, en 1830, rompit le premier le pacte ; le peuple répondit par la révolution de Juillet.

Cependant cette première épreuve de la monarchie constitutionnelle n'était pas ou ne parut pas décisive. On attribua à la profonde impopularité de la branche aînée des Bourbons, imbue de préjugés surannés, venue à la suite de l'invasion et sous la protection des baïonnettes étrangères, la plus large part dans les événements qui venaient de s'accomplir.

La nation, désireuse de recommencer l'expérience, permit donc aux princes d'Orléans de ramasser dans la rue la couronne arrachée du front du chef de leur maison. Mais, à peine au pouvoir, la nouvelle dynastie, reniant le principe auquel elle devait son élévation, revenait au droit divin et réclamait à son tour le privilége de l'hérédité.

C'était une contradiction ajoutée à une autre contradiction.

Sous les Bourbons de la branche aînée, la monarchie constitutionnelle, fondée sur un dualisme impossible, aboutissait fatalement à la révolution ; sous les Bourbons de la branche cadette, la révolution était tout aussi inévitable et de plus, autorisée.

Le monarque pourrait-il invoquer désormais le principe héréditaire, quand il n'existait lui-même que par la violation de ce principe? L'hérédité sans la légitimité était un nonsens et justifiait dans l'avenir toute nouvelle révolution.

La première monarchie parlementaire avait duré quinze ans ; la seconde succomba à son tour et dans les mêmes conditions, après un règne de dix-huit années.

IX

Le peuple devait enfin obtenir le fruit de sa victoire : la République décréta le *suffrage universel*.

On a prétendu que l'application de ce principe éminemment juste était prématurée. On a dit qu'une éducation suffisamment avancée devait précéder et justifier l'universalité des droits électoraux. Ce sont là des questions aujourd'hui oiseuses et hors de cause. L'établissement du suffrage universel est un fait accompli, sur lequel il serait impossible de revenir sans exposer la France à des dangers dont personne ne saurait prévoir la portée. Si la nation est ignorante, il faut l'éclairer et faire après ce qui n'a pu être fait avant, il n'y a pas d'autre remède.

Quant à moi, je suis en présence d'un fait et je n'ai qu'à examiner si la conciliation du droit divin et du droit populaire qui n'a pu se faire avec le régime censitaire, sera possible quand il faudra compter avec la nation tout entière.

Sous la monarchie constitutionnelle, la classe la plus éclairée, la plus riche, la plus conservatrice, exerçait seule son contrôle, et nous avons vu la monarchie incapable de supporter ce contrôle. En sera-t-il autrement, lorsque la représentation nationale émanée non plus de classes privilégiées elles-mêmes, mais de la population tout entière, aura des exigences d'autant plus grandes qu'elle sera assurée du concours énergique de toute la nation et que la plus nombreuse partie de ses commettants aura été longtemps privée de ses droits et sera plus éloignée de l'égalité sociale?

Poser la question, c'est la résoudre.

X

Avec le cens électoral la bourgeoisie seule se trouvait représentée. Il était possible qu'en cas de conflit entre le pouvoir royal et les Chambres les classes inférieures, trop portées à voir dans les intérêts des classes élevées des intérêts contraires aux leurs, restassent indifférents, et dès lors la Chambre élective, privée de l'appui des masses, qui seules pouvaient donner une sanction efficace à ses décisions, n'émettait plus que des protestations stériles.

C'est ainsi que sous le gouvernement semi-libéral, semi-

absolu de la Prusse nous avons vu M. de Bismarck établir
pendant plusieurs années son budget militaire, malgré l'opposition de la très-grande majorité du parlement, sans que la
nation s'en émût. Évidemment la situation n'eût pu se pro-
longer indéfiniment et M. de Bismarck jouait gros jeu ; mais
depuis, l'ivresse de la gloire, les satisfactions inouïes données
à l'amour-propre national ont fait momentanément oublier
à l'Allemagne les façons cavalières du célèbre chancelier.

Patience ! les fumées enivrantes de la gloire qui obscur-
cissent aujourd'hui l'esprit libéral de nos voisins et ennemis
se dissiperont, et l'antagonisme reparaîtra.

Peut-être alors M. de Bismarck éprouvera-t-il quelques dif-
ficultés à étouffer sous de nouveaux triomphes les protestations renaissantes ; peut-être se repentira-t-il de s'être fait de
la France une implacable ennemie ; peut-être comprendra-t-il
qu'en annexant l'Alsace et la Lorraine il a rivé aux pieds de
la Prusse un boulet qui l'attache au rivage et qui la mettra à
la merci de la Russie le jour où la France, impatiente de revanche, aura reconstitué ses forces. Peut-être enfin le temps
n'est-il pas éloigné où, condamné à la paix, ce colosse aux
pieds d'argile, qui de son vrai nom s'appelle, non pas l'unité,
mais la prussification de l'Allemagne, se désagrégera et s'é-
croulera à son tour sous l'action dissolvante des discussions
parlementaires.

Avec le suffrage universel, ce qui s'est passé en Allemagne
n'eût point été possible. Le suffrage universel, en effet, ne
donne pas seulement à la Chambre élective une influence
morale très-prépondérante, mais encore il ne permet plus à la
nation de se désintéresser des conflits qui peuvent éclater
entre ses mandataires et la couronne.

XI

On a souvent invoqué en faveur de la monarchie parlementaire l'exemple de l'Angleterre. Je répondrai que nous sommes
en France et non pas en Angleterre, que nous avons à créer

un gouvernement pour des Français et avec des Français, et non pas pour les Anglais et avec les Anglais.

Les institutions changent et se modifient suivant les temps et suivant les nations. Or, il y a entre le caractère et l'état social des deux peuples des différences profondes. Dans un admirable discours prononcé récemment devant ses électeurs, le premier ministre d'outre-Manche a parfaitement signalé ces différences capitales. « Le peuple anglais, dit M. Gladstone, regarde la liberté comme le plus précieux des biens ; le peuple français fait assez bon marché de la sienne. Le Français tient par dessus tout à l'égalité ; l'Anglais, jusqu'à ce jour, s'en est médiocrement soucié. »

L'Angleterre, aujourd'hui même, n'est guère plus avancée sous le rapport de l'égalité civile que nous ne l'étions avant la révolution de 89. En Angleterre, à côté du privilége royal subsistent encore la pairie héréditaire, les majorats inaliénables, le droit d'aînesse et cent autres priviléges dont l'établissement en France ferait bondir tous les citoyens.

Et cependant, qui donc est assez sourd pour ne pas entendre de l'autre côté du détroit le tonnerre qui précède la tempête ? qui donc est assez aveugle pour ne pas voir dans ces grèves formidables, dans ces meetings immenses où s'agitent les questions politiques les plus diverses ; dans ces émeutes sanglantes où des centaines de personnes perdent la vie ; dans cette réforme électorale qui depuis quelques années remue tout le pays, le signe précurseur de la révolution qui s'apprête : révolution paisible et graduelle, si les hommes qui dirigent les affaires sont assez sages pour creuser au torrent un lit large et profond ; révolution imminente et terrible si, partageant un aveuglement trop commun chez les hommes qui sont au pouvoir, ils ne savent lui opposer que des digues et des obstacles ?

Quoi qu'il en soit, les Anglais ont dans l'inégalité politique qui sépare chez eux les différentes couches sociales un champ assez vaste pour occuper longtemps encore l'esprit et l'activité des réformateurs. Pendant longtemps encore la monarchie anglaise, par les prérogatives qu'elle peut progressivement et sans danger imminent pour elle accorder à son peuple, a les moyens de prévenir ou de retarder, à l'aide de cette soupape de sûreté, l'explosion révolutionnaire,

Chez nous, il n'en est pas ainsi. Nous sommes arrivés au dernier terme de l'égalité politique : *nous avons le suffrage universel.*

XII

Les considérations qui précèdent sont pour la plupart également applicables aux monarchies belge et hollandaise, dont on nous offre souvent l'exemple. On pourrait, il est vrai, répondre en faveur du principe républicain par le témoignage de la Suisse, mais on doit observer que ces petits États ne sauraient fournir une échelle suffisante pour servir de mesure à un grand pays comme la France. Placés sous la protection des grandes puissances, ils ne sont pas, comme ces dernières, obligés, pour assurer leur indépendance, aux énormes sacrifices que nécessitent les armées nombreuses et permanentes. Leur population restreinte est plus homogène. Le tempérament, les habitudes, les mœurs des habitants n'y présentent point de différences sensibles, et offrent des facilités de gouvernement et d'administration que l'on ne saurait trouver au même degré dans les pays d'une vaste étendue.

Enfin la protection même de leurs puissants voisins fait de leur sagesse et de leur tranquillité la condition absolue de leur existence, et ils ne pourraient se livrer aux aventures et aux révolutions sans perdre aussitôt leur autonomie.

Mais ce qui surtout distingue éminemment notre situation actuelle de celle des monarchies voisines, c'est, ne l'oublions pas, l'institution du suffrage universel, et si nous devons revenir à la monarchie avec le maintien de cette institution, nous tenterons les premiers une expérience dont nous ne saurions trouver l'exemple ni dans notre histoire ni dans celle d'aucun peuple.

XIII

En sera-t-il ainsi ?

La nation, aujourd'hui souveraine, retournera-t-elle en

arrière, et voudra-t-elle, en ressuscitant le principe héréditaire, limiter l'exercice de sa souveraineté, rendre ses droits illusoires ou se condamner à de nouvelles révolutions?

La logique proclame l'incompatibilité des deux principes contradictoires, et l'expérience, en condamnant ce dualisme impossible, confirme et justifie la théorie. C'est à la nation de choisir. Si elle persiste à vivre sous la monarchie héréditaire, il lui faut accepter le principe dans toute sa rigueur, dans toute son étendue, et renoncer une fois pour toutes à ses droits politiques. La monarchie absolue, telle que nous l'avons eue en France pendant quatorze siècles, telle que nous la voyons de nos jours en Russie, pourra peut-être lui donner à ce prix la stabilité gouvernementale.

Mais quel est donc en France le citoyen qui accepterait aujourd'hui un pareil régime?

Quant à moi, je repousse l'hérédité au trône, parce que je repousse tout ce qui est privilége. L'hérédité doit porter sur les choses et non sur les personnes. Autant l'hérédité appliquée aux choses est sacrée, équitable et juste, autant l'hérédité qui frappe sur les personnes est inique et monstrueuse.

La propriété héréditaire est sacrée, parce qu'elle est la base et la sauvegarde de la famille; elle est équitable et juste, parce que si j'hérite du patrimoine acquis par le travail de mes ancêtres, il me faudra, pour conserver ce patrimoine, travailler et économiser à mon tour, sinon la perte de ma propriété me punira bientôt de ma paresse et de mon manque de prévoyance. Mais l'hérédité inaliénable, l'hérédité frappant sur ma personne, offense à la fois ma dignité de citoyen et révolte ma raison, et si la loi m'impose cet outrage et cette humiliation, je m'insurge contre la loi.

C'est ainsi que pensaient nos pères, lorsqu'ils firent cette grande révolution qui nous a rendus citoyens et libres. Abandonnerions-nous aujourd'hui ces prérogatives, dont la conquête a coûté tant de larmes et tant de sang. Non, non, et voilà pourquoi la monarchie me semble désormais impossible. Voilà pourquoi, si nous devons chercher à l'étranger nos modèles, j'aime mieux porter mes regards sur la jeune, grande et républicaine Amérique, que sur la sénile et caduque Angleterre.

XIV

J'arrive au césarisme plébiscitaire.

Le droit divin a presque entièrement disparu. L'hérédité n'est plus qu'une présomption, à laquelle il faut la consécration du suffrage populaire. La nation n'est pas souveraine, mais elle paraît être la dispensatrice de la souveraineté, et seule elle peut conférer au trône une légitimité incontestable.

Si le régime plébiscitaire s'en tenait là ; si après avoir consacré l'avénement de chaque nouveau souverain, le suffrage universel ne s'exerçait ensuite pendant toute la durée du règne que sous la forme représentative, on pourrait comprendre que cette monarchie, élective et parlementaire, séduisît tous ceux qui croient la forme monarchique et les mandats à long terme indispensables à la paix et à la sécurité du pays.

Le suffrage direct ne doit, en effet, s'appliquer qu'aux personnes, et jamais aux questions de constitution, de gouvernement ou de législation, dont la solution exige une science profonde et une discussion sérieuse et large.

Je comprends très-bien qu'un électeur ignorant confie le soin de ses intérêts politiques à un homme dont il a pu apprécier les lumières et la probité, mais je ne comprendrai et je n'admettrai jamais un régime qui soumettrait au jugement des masses ignorantes des questions qui, après soixante ans de discussion et d'étude, divisent encore les meilleurs esprits, les hommes d'État les plus remarquables par l'intelligence et par la pratique des affaires.

Tels sont pourtant les prétentions du césarisme, prétentions qui servent de base à la propagande active entreprise par les feuilles et par les agents bonapartistes.

XV

Qu'est-ce donc que le césarisme?

Un homme vient qui, au mépris de ses serments, par la ruse et par la violence, renverse les institutions confiées à sa garde et s'empare du pouvoir; puis, quand il est bien maître de la situation, quand il tient dans ses mains toute l'administration et toutes les forces du pays, il en appelle au peuple et le met en devoir d'opter entre lui, c'est-à-dire un gouvernement établi et fonctionnant, et le néant, le chaos.

Il ne s'agit déjà plus pour le suffrage universel d'un choix, d'une élection, mais simplement d'une ratification.

C'est ainsi que, spéculant sur la répugnance bien connue du peuple français pour l'inconnu, le césarisme, gouvernement de fait, le place entre lui et cet inconnu, et attend sa décision, sûr d'avance que cette décision sera conforme à ses propres désirs.

C'est ainsi que, spéculant sur l'ignorance de la majorité des électeurs, le césarisme soumet à leur approbation une constitution faite à son propre usage et dont certains articles pourraient peut-être soulever quelque opposition dans une assemblée éclairée et indépendante.

« Pour moi, dit M. Taine, dans un très-remarquable travail sur le suffrage universel, publié récemment par le journal *le Temps*, j'ose croire qu'un paysan, un ouvrier, n'est pas un chien savant, mais un homme; que s'il vote, il doit faire œuvre d'homme, c'est-à-dire juger son candidat; . . . . . En France, la population rurale comprend soixante-dix pour cent de la population totale, quatorze électeurs sur vingt; sur cent personnes du sexe masculin, il y en a trente-neuf illettrées, c'est-à-dire ne sachant pas lire ou ne sachant pas écrire. Comme ces illettrés appartiennent presque tous à la population rurale, cela fait dans cette population trente-neuf illettrés sur soixante-dix. Ainsi l'on ne se trompe pas de beaucoup, si l'on estime à 7 sur 14, à la moitié du total, le nombre des électeurs ruraux qui n'ont pas les premiers rudiments de l'instruction la plus élémentaire. Voilà déjà un indice d'après lequel on peut apprécier leur intelligence politique.

« Il m'est souvent arrivé de causer avec eux sur les affaires publiques. A quinze lieues de Paris, tel cultivateur et petit propriétaire ne savait pas ce que c'est que le budget; quand je lui disais que l'argent versé chez le percepteur entre dans une caisse à Paris pour payer l'armée, les juges et le reste, qu'on tient registre de toutes les recettes et dépenses, il ouvrait de grands yeux, il avait l'air de faire une découverte. —Après les premiers emprunts du second Empire, un fermier normand disait à un de mes amis orléanistes : « Ce n'est pas « votre gueux de Louis-Philippe qui nous aurait donné de la « rente à 67 francs. » — Après la guerre de 1858, en Italie, un paysan des environs de Paris approuvait l'expédition, et, pour toute raison, disait : « Oui, oui, on a bien fait de mon- « trer que les Français sont encore des hommes. » — Après le coup d'État, des cultivateurs me répétaient dans les Ar- dennes : « Louis-Napoléon est très-riche, c'est lui qui va « payer le gouvernement, il n'y aura plus d'impôts. » — Aux environs de Tours, l'année dernière, des villageois vou- laient passer sans payer sur les ponts à péage et monter en première classe au prix des troisièmes : « Puisque nous « sommes en République, nous avons le droit de faire ce qui « nous plaît ; il n'y aura plus de gendarmes. » — Je viens de lire la correspondance de 25 à 30 préfets, de 1814 à 1830 ; l'ignorance et la crédulité des populations rurales sont éton- nantes. Au moment de l'expédition d'Espagne, des maires viennent demander au préfet du Loiret s'il est vrai que les alliés vont traverser le pays pour aller en Espagne et laisser en France une nouvelle armée d'occupation. Pendant plu- sieurs années, dans plusieurs départements, au mois de mars, on croit fermement que Napoléon arrive à Brest avec 400,000 Américains, ou à Toulon avec 400,000 Turcs.

« En maint endroit, vous trouveriez encore des villageois qui se défient obstinément des nobles et les soupçonnent de vouloir rétablir les droits féodaux. L'assassinat de M. de Monéïs et quantité de paroles prononcées l'an dernier dans les campagnes ont prouvé que dans beaucoup de cerveaux, il n'y a guère plus de lumières en 1870 qu'en 1815.

« J'ai entre les mains un paquet de lettres et suppliques

écrites au préfet, à l'ingénieur, aux principaux administra-
teurs d'un département de l'Est par de petits propriétaires de
campagne, par des pompiers, par des boutiquiers de village.
On n'imagine pas un pareil état d'esprit, un tel ahurissement,
une si grande difficulté à penser et à raisonner, un vide si
parfait de notions générales, une telle incapacité à comprendre les droits des particuliers ou les intérêts du public.
. . . . Tel est l'état
d'esprit et, par suite, l'aptitude politique de 14 électeurs
sur 20. . . . . Il est trop
clair qu'ici le plébiscite, l'appel au peuple, l'invitation à voter
sur la forme du gouvernement n'est qu'un tour de passe-
passe, une pure duperie. Autant vaudrait demander à nos
villageois s'ils sont whigs ou tories, s'ils préfèrent la constitution de Rome à celle d'Athènes. En cela, les plébiscites de
l'Empire ne sont que des escamotages légaux, fondés sur le
respect apparent et sur le mépris réel de la volonté publique.
En effet, l'électeur même un peu éclairé, à plus forte raison
l'électeur ignorant, est vis-à-vis de son mandataire comme
vis-à-vis de son médecin ou de son avoué. Tout son office
est de dire en quel homme spécial il a le plus confiance; l'un
lui fera ses lois, comme les autres gouverneront sa santé
ou son procès. Son droit est de pouvoir opter pour celui
qu'il croit le plus capable et le plus honnête, et le devoir du
législateur est de lui en fournir les moyens, c'est-à-dire de
lui permettre de choisir entre des individus que personnelle-
ment il connaît ou sur lesquels il a des renseignements de
première main, semblable à ceux d'après lesquels il s'adresse
à tel avoué ou médecin plutôt qu'à tel autre. »

XVI

Voilà pourtant le corps électoral dont le césarisme proclame la compétence à juger des sénatus-consultes qu'on ne
prend même pas la peine de lui lire, ce dont il est 7 fois
sur 20 incapable lui-même.

Mais quelle est alors l'utilité des mandataires du peuple,

où est leur dignité, si, par un appel direct, on peut toujours annuler ou infirmer leurs décisions? Si le suffrage direct fait si vite et si bien les choses, que ne l'appelle-t-on également à se prononcer sur l'impôt, sur le contingent militaire, sur toutes les questions, en un mot, qui se rattachent au gouvernement ou à l'administration?

Peut-être alors verrions-nous le régime plébiscitaire, fondé sur l'ignorance et sur l'égoïsme des populations rurales, périr à son tour par cette ignorance et par cet égoïsme. Peut-être serait-il difficile de persuader au paysan, à l'ouvrier « incapable de comprendre les droits des particuliers et les intérêts publics, » que le seul moyen d'assurer sa tranquillité et son bonheur est de verser dans la caisse du percepteur une partie du fruit de son travail, afin de constituer au chef de l'État une liste civile de 25 millions, aux grands dignitaires de l'empire des traitements se chiffrant par centaines de mille francs. Peut-être obtiendrait-on malaisément du père de famille l'abandon de son fils pendant les plus belles années de sa jeunesse pour exécuter de folles et ruineuses entreprises. . . . . .

J'oublie que je parle du césarisme; j'oublie que le césarisme n'a que faire de la logique et de la bonne foi et que le suffrage universel doit être en ses mains, non pas une fonction régulièrement constituée, s'exerçant à des époques précises et sous une forme déterminée à l'avance, mais une arme toujours prête, dont il usera à son heure, au gré de son ambition et de ses intérêts.

Mais pourquoi discuter plus longtemps un régime qui, après avoir usurpé le pouvoir par le crime et par le parjure, ne s'y maintient que par la corruption et par la mauvaise foi ?

XVII

Je me résume.

Je repousse la monarchie absolue, qui n'est que le règne du privilége et du bon plaisir.

Je repousse la monarchie héréditaire et parlementaire, qui

n'est qu'un compromis impossible et qui laisse une porte toujours ouverte aux révolutions ;

Mais je repousse surtout de toutes mes forces et de toute mon énergie ce régime inique et corrupteur qui n'est que le règne de l'arbitraire, de l'équivoque et de l'imposture, et qui conduit rapidement et fatalement au bas-empire et au prétorianisme quand il ne sombre pas dans le sang et dans la boue, comme à Sedan.

XVIII

Depuis quatre-vingts ans, la France a vu passer sept révolutions, et jamais l'expérience ne s'est démentie.

Trois fois la monarchie a disparu devant les soulèvements populaires ; deux fois la République, après avoir réprimé les insurrections, a succombé sous les coups d'État du césarisme, et deux fois le césarisme nous a menés à la ruine et à l'invasion.

Pour la troisième fois, nous avons la République ; pour la troisième fois, le droit populaire reste seul debout. La nation souveraine est la maîtresse absolue de ses destinées ; tout antagonisme a disparu.

Profiterons-nous des leçons de l'histoire ? Au milieu des tiraillements des partis, des ambitions de toutes sortes surexcitées par l'état précaire et incertain du pouvoir, la forme républicaine l'emportera-t-elle définitivement ?

Je le crois et je l'espère.

Seule, la République, par sa nature impersonnelle, peut rallier autour d'elle tous ceux qui font passer l'intérêt du pays avant leur ambition ou leurs désirs personnels.

Déjà les chefs les plus illustres du grand parti conservateur ont franchement arboré le drapeau républicain, entraînant avec eux une grande partie de leurs anciens adhérents. Les autres déclarent accepter l'épreuve et n'attendent que le succès pour donner leur adhésion complète.

Eh bien ! leur dirons-nous, cela ne suffit pas.

Ce que nous demandons, ce n'est pas cette attitude expectante qui ressemble trop à une hostilité passive, et qui provoque et autorise à un certain degré les agissements des partis qui font tout le malheur du pays. Ce que nous demandons, c'est votre concours et votre concours loyal, actif, énergique et dévoué. Il ne s'agit plus ici de puériles satisfactions d'amour-propre ou de sympathies dynastiques plus ou moins vives. Il s'agit du salut du pays, de votre propre salut.

Laissez dans leur isolement les personnages peu nombreux que retiennent forcément à l'écart les liens de la tradition, de la reconnaissance personnelle ou d'une louable fidélité. Combattez avec énergie ces gens qui, trop compromis par une complicité coupable, ne cherchent dans une restauration qui serait le malheur, la honte et la ruine définitive de la France, que la satisfaction de leur égoïsme et de leurs intérêts individuels.

L'homme a une tendance invincible vers l'indépendance et vers l'égalité; la forme républicaine qui, mieux que toute autre, peut lui assurer dans les limites du possible cette indépendance et cette égalité, sera inévitablement dans l'avenir le gouvernement de l'humanité tout entière. Vous la possédez dès aujourd'hui, ne nous condamnez pas, en la répudiant, à de nouvelles révolutions.

Regardez le monde : considérez la Suisse, l'Amérique qui depuis longues années vivent en République. Entendez-vous une protestation? Voyez-vous la manifestation, si légère qu'elle soit, d'un regret, d'une aspiration vers une autre forme de gouvernement? Et cependant chaque année, d'innombrables émigrants qui jusqu'à ce jour avaient vécu sous les institutions monarchiques, qui ont pu en apprécier les bienfaits et les avantages, viennent demander à l'Amérique la fortune, la tranquillité, le bien-être et le titre glorieux de citoyen des États-Unis.

Citez-moi maintenant une monarchie, la mieux assise et la mieux établie, qui ne nous montre, au contraire, un groupe républicain, grandissant, se renforçant chaque jour, de façon à laisser prévoir dans un avenir plus ou moins rapproché son triomphe désormais assuré?

Ce sont là des faits significatifs.

La République, c'est vous, c'est nous, c'est tout le monde. La République, c'est la nation dirigeant, contrôlant, administrant ses propres affaires ; c'est la garantie la plus efficace contre les malversations, les abus de pouvoir, les entreprises folles et ruineuses. Sous la République, l'administration du pays est confiée aux hommes choisis par le pays lui-même ; vous êtes la majorité, il dépend de vous que les plus hautes fonctions soient réservées aux plus dignes. Il dépend de vous que l'on ne voie plus un budget de la guerre destiné à subvenir à l'entretien d'une armée de 600,000 hommes, à remplir les arsenaux et les magasins militaires, à mettre en état les forteresses et autres défenses du pays, détourné de son objet pour combler les dépenses scandaleuses et inavouables d'aventures criminelles et insensées ; il dépend de vous qu'on ne voie plus, au jour du danger, la France avec ses régiments réduits au tiers, ses arsenaux, ses magasins vides, ses forteresses désarmées, livrée à la merci d'un ennemi implacable.

Mais la République ne saurait exister sans l'ordre ; c'est à vous, par une attitude à la fois conciliante et ferme, d'assurer l'ordre et de l'imposer au besoin, car vous êtes la majorité et vous êtes la force.

Ne vous y trompez pas : ce qui, sous l'Empire, a donné pendant dix-huit ans l'ordre matériel et la stabilité, ce n'est pas cette fantasmagorie de puissance militaire, dont nous avons pu apprécier la véritable valeur, mais bien la volonté à peu près unanime de la nation, votre propre volonté. Mettez aujourd'hui la même résolution, le même empressement au service de la forme républicaine, et vous pourrez envisager, sans crainte et sans danger, ces conspirations bonapartistes, ces violences démagogiques dont on fait tant de bruit et souvent à dessein.

Quand avec un simple bulletin de vote, le peuple peut continuer ou retirer à ses représentants leur mandat ; quand périodiquement et à des époques suffisamment rapprochées, il peut par l'élection modifier pacifiquement et régulièrement le personnel gouvernemental et législatif, *la révolution violente n'a plus ni excuse, ni raison d'être ;* elle devient un crime de lèse-nation. Privée non-seulement

du prétexte, mais de l'apparence même du prétexte, elle
perd toute force morale, ne peut s'appuyer que sur les
plus mauvaises passions, les appétits les plus pervers, et
son succès est impossible.

Voilà pourquoi, au milieu des conditions les plus défavo-
rables, la République a toujours trouvé assez d'autorité et de
forces pour réprimer toutes les insurrections qui se sont
produites contre elle.

On paraît craindre, il est vrai, que ces élections multipliées,
arrivant à intervalles trop rapprochés, ne deviennent une
cause perpétuelle de trouble et d'agitation.

Sans doute, il faudra quelque temps encore pour familiariser le pays avec l'exercice régulier et complet de ses droits
de citoyen, dont il a été privé jusqu'à ce jour; mais ces inconvénients disparaîtront précisément par l'éducation et l'usage
de plus en plus fréquent du suffrage universel.

En laissant à nos représentants le soin de choisir le chef du
pouvoir exécutif; en substituant le scrutin individuel au scrutin de liste, les élections ne produiront plus qu'une agitation
locale fort restreinte et sans danger sérieux pour l'ordre
général.

Quant aux inconvénients graves que peut présenter une
chambre unique et souveraine, nos législateurs, en traitant
la question constituante, auront à examiner s'il y a pas lieu
d'y obvier par la création d'une seconde chambre, dont ils
devront déterminer les attributions et l'origine.

Un dernier mot.

Il n'est pas un seul de vous qui n'approuve et ne professe,
in petto, les principes démocratiques. Tous, vous voulez
l'égalité absolue des droits politiques, l'administration honnête et économe, le contrôle sévère et efficace. Mais cet amour
de la forme républicaine (car la République n'est pas autre
chose) est restée jusqu'ici chez vous, à l'état platonique.
Votre attachement aux anciens usages et aux vieilles tradi-
tions, votre répugnance pour tout changement, même quand
le changement est une nécessité et une amélioration réelle,
votre apathie politique, en un mot, ont été pendant longtemps
largement exploités par les intrigants et les ambitieux. On a
pu vous persuader que le pouvoir, pour être une réalité,
devait se présenter à vous en chair et en os, sous une forme

vivante et personnelle, et que tout le reste n'était que fiction, chimère et abstraction.

Secouez, secouez cette torpeur, et prenez aux affaires publiques une part plus active, plus intelligente et plus réfléchie. Repoussez ces conseils intéressés qui cherchent à vous faire accroire que votre bonheur et votre tranquillité seront mieux assurés par un roi dû au hasard de la naissance, que par un chef et des mandataires librement choisis par vous-mêmes et qui, périodiquement, devront soumettre leurs actes à votre approbation, et la continuation de leur pouvoir à votre consentement.

Vous êtes la majorité, la très-grande majorité du pays; restez conservateurs et conservez la République, qui fait de vous les maîtres absolus de vos destinées. Croyez-moi, prenez en main la conduite de vos affaires, nul ne les fera mieux que vous; et forts de votre nombre, de votre droit, de votre honnêteté et de votre résolution, vous pourrez défier toutes les menaces et tous les périls, qu'ils viennent des conspirations des prétendants ou d'une démagogie en démence.

XIX

Républicains, c'est à vous que je m'adresse en terminant.

Depuis un siècle, vous luttez sans trêve ni relâche pour le triomphe de votre principe. Vous ne compromettrez pas aujourd'hui, par une impatience coupable, le fruit de tant d'efforts et de tant de sacrifices.

La France est comme un malade auquel il faut pour ainsi dire rapprendre à vivre, et dont la convalescence nécessite des ménagements et des précautions de toute sorte, sous peine d'une rechute inévitablement mortelle. Laissez à ce pauvre pays, qui a un irrésistible besoin de repos et de tranquillité pour réparer ses ruines, le temps de se familiariser avec le nom de la République, qu'on lui a dépeint sous de si sombres couleurs.

Instruisez et moralisez le peuple. Apprenez-lui ses devoirs de citoyen ; faites-lui un tempérament politique à la hauteur des institutions démocratiques sous lesquelles il doit vivre ; et lorsque, grâce à votre sagesse et à votre modération, la forme républicaine sera assise sur des bases inébranlables, il sera temps alors de poursuivre dans toutes leurs conséquences réalisables les principes de Liberté, d'Égalité, de Fraternité, qui sont sa glorieuse devise. Il sera temps d'éclairer au flambeau d'une discussion complète et sincère le grave problème social, et d'appliquer résolûment tout ce qui sera démontré juste et praticable, de rejeter et de combattre avec une égale résolution tout ce qui est utopie et danger pour la société.

Mais, je ne cesserai de le répéter, ce que la nation réclame avant tout, c'est le repos et l'ordre, qui donnent la confiance, c'est-à-dire le travail et le bien-être. Ne substituez donc que progressivement et avec toute la prudence possible, aux vieilles institutions profondément enracinées encore dans le pays, les réformes républicaines, je dirais radicales, si je ne craignais d'employer le mot propre, dont l'esprit de parti a réussi à faire un épouvantail.

La France est toujours centre gauche, et les membres du gouvernement dont le dévouement à la République (quoique de date récente) est certainement sincère, peuvent mieux que personne, par la confiance qu'inspirent à la majorité du pays une ancienne communauté d'opinion et la notoriété de leurs sentiments conservateurs, assurer son avenir. La seule politique sensée et véritablement républicaine, tant que la République ne sera pas menacée dans son existence même, est donc de soutenir franchement et énergiquement le gouvernement actuel, ce gouvernement ne fût-il momentanément républicain que de nom.

Attachez-vous surtout à prouver, contre les accusations de vos adversaires, que la République, telle que vous l'entendez, n'est point un gouvernement de sectaires, une petite église exclusive dont l'accès n'est permis qu'à un certain nombre de fidèles ; qu'elle est, au contraire, un temple immense où tous les citoyens, quelles que soient leurs opinions antérieures, ont le droit et le devoir d'apporter leur concours loyal et désintéressé ; où chacun, selon ses besoins, son aptitude et les services qu'il a rendus, a droit à la protection, aux fonctions et à la récompense.

C'est à ces conditions que tous les partis se rallieront bientôt sous la bannière républicaine ; c'est à ce prix que l'union de tous les bons citoyens s'accomplira ; c'est à ce prix enfin que la France pourra être sauvée, et il faut sauver la France.

(*Union du Poitou*, 20 décembre 1871.)